Muḥammad Sameer Murtaza
Islam und Homosexualität – ein schwieriges Verhältnis

Muhammad Sameer Murtaza

Islam und Homosexualität –
ein schwieriges Verhältnis

Bibliographische Information der Deutschen Bibliothek
Die Deutsche Bibliothek verzeichnet diese
Publikation in der Deutschen Nationalbibliographie;
detaillierte bibliographische Daten sind im Internet unter
http://dnb.ddb.de abrufbar.

Alle Rechte vorbehalten.
Kein Teil dieses Buches darf in irgendeiner Form (Druck, Fotokopie oder einem anderen Verfahren) ohne schriftliche Genehmigung des Verlages reproduziert oder unter Verwendung elektronischer Systeme verarbeitet werden.

All rights reserved.
No part of this publication may be reproduced, stored in a retrieval system, transmitted or utilized in any form or by any means, electronic, mechanical, photocopying, recording or otherwise, without permission in writing from the Publishers.

© 2023 Muhammad Sameer Murtaza
1. Auflage 2017
2. Auflage 2023

Verlag und Druck:
tredition GmbH
An der Strusbek
22926 Ahrensburg

ISBN Softcover: 978-3-7439-0677-8

Im Namen Gottes, des Allerbarmers, des Barmherzigen

Vorwort

Die *umma* befindet sich gegenwärtig in einer Phase des Umbruches. Unzählige Fragen, alte und neue, stellen sich und die Gelehrten, Philosophen, Mystiker und Intellektuellen stehen vor der Herausforderung, Antworten zu finden. Doch um wissenschaftlich fundierte und zugleich erbauliche Theologie, Rechtslehre und Philosophie zu betreiben, müssen die klugen Köpfe der *umma* sich die Zeit nehmen, die sie brauchen, um mit einem wachen Blick auf diese Herausforderungen zu schauen. Sie müssen, ohne Druck jeglicher Art, Grundlagenforschung anhand der islamischen Quellen betreiben, sich den aktuellen Forschungsstand in jenen Wissenschaften aneignen, die sich mit ihrem Forschungsobjekt überschneiden, und anhand der Historie aller Religionsgemeinschaften die Folgen ihrer Antwort für die *umma* abschätzen. Islamisches Denken heute muss wissenschaftlich verantwortete Rechenschaft des islamischen Glaubens sein, die Gelehrsamkeit und Frömmigkeit, Forschung und Erbauen zusammenbringt.

Die vorliegende Schrift ist eine philosophische Meditation über einen empfohlenen Umgang der *umma* mit homosexuellen Glaubensgeschwistern. Sie ist ganz bewusst nicht als ein lebensfremder, intellektuell versponnener oder sentimentaler substanzarmer Text verfasst, sondern als ein vorsichtiges Fragen, das nahe am Leben ist.

Da es in der *umma* unterschiedliche Tendenzen hinsichtlich dieses Themas gibt, wird diese Schrift die meisten nicht zufriedenstellen. Dies sollte aber auch nie das Ziel philosophischer Forschung sein. Es geht vielmehr darum, einen verantwortungsvollen Debattenbeitrag zu leisten, der zu einem weiteren Nachdenken in dieser Frage anregt. Dazu müssen wir Muslime aber das Thema versachlichen, statt unsere Vernunft durch hitzige emotionale Diskussionen zu trüben.

Es gilt, die Lehre zu bewahren und zugleich die benachteiligten und verwundeten Menschen zu begleiten

Eigentlich müssten wir europäische Muslime die Gleichstellung homosexueller Lebensgemeinschaften, wie im Sommer 2015 in Irland geschehen, begrüßen. Da kämpft eine Minderheit gegen Vorurteile, Verachtung und Diskriminierung. Also könnte man Partner im Geiste für eine tolerante Gesellschaft sein. Könnte…

Homosexualität und Islam – das bleibt ein schwieriges Thema und wird neuerdings zu einer Testfrage: Der Islam sei nicht wirklich Teil Europas, meinen viele Nichtmuslime, solange er Homosexualität nicht gutheiße. Als würden sich die gesamte europäische Kultur und ihre Werte auf diesen einen Punkt reduzieren lassen. Unter Druck setzen lassen sollten wir europäische Muslime uns von solchen Argumenten nicht. Der Test für jede Demokratie zu jeder Zeit besteht darin, ob Bürgerinnen und Bürger bei umstrittenen Themen nicht nur fähig sind, eine Sachdebatte zu führen, sondern ob sie auch in der Lage sind, unterschiedliche Meinungen nebeneinander bestehen zu lassen und dennoch als eine Nation weiter voranzuschreiten. Es ist das gute Recht eines jeden Bürgers, Homosexualität negativ zu bewerten. Er darf aber homosexuellen Mitbürgern nicht ihre Menschenwürde absprechen oder anstreben, sie zu Bürgern zweiter Klasse zu degradieren, indem ihre Freiheitsrechte eingeschränkt oder ihnen gar abgesprochen werden.

Aber abgesehen von diesem Nebenkriegsschauplatz in der Integrationsdebatte gibt es genügend Gründe, das Thema innerislamisch zu besprechen.

Im Jahr 2015 erhielt ich eine E-Mail von einem befreundeten Muslim – jetzt Ex-Muslim. Er schrieb, dass er den Islam verlassen habe, weil sein gesamtes Leben ein Davonlaufen vor sich selbst gewesen sei. Er ist nämlich homosexuell. Er habe sich dafür gehasst. Er glaubte, dass Gott ihn hassen müsse. Dann beschloss er, sich so anzunehmen wie er ist. Da die *umma* keine Homosexuellen akzeptiere, verließ er sie – und fand zum ersten Mal Frieden mit sich.

Wenige Wochen vor dem Amoklauf eines Gewalttäters muslimischen Glaubens im Juni 2016 in Orlando schrieb er mir, er vermisse den Islam…

Orlando – das hätte zu einer tiefgehenden Diskussion in der muslimischen Gemeinschaft über das sexuelle Selbstbestimmungsrecht des Muslims und einen verantwortungsvollen Umgang mit der eigenen Sexualität vor Gott führen können. Ganz im Sinne des reformistischen Ansatzes: „Solange du stehst, reiche jenen, die am Boden liegen, die Hand." Doch dazu kam es natürlich nicht. Sobald bekannt wurde, dass der Täter wohl selbst homosexuell war und aus Selbsthass handelte, konnte man in den sozialen Netzwerken beobachten, wie Muslime die Flucht nach vorne antraten, getreu dem Motto: „Also hat das mit dem Islam ja nichts zu tun." Das ist aber intellektuelle Verlogenheit. Und sie ist beschämend.

Woher kommt denn dieser Selbsthass? Zwei Dinge mögen hier auf Omar Mateen eingewirkt haben: Zum einen die immer noch stark homophobe US-amerikanische Kultur und zum anderen die nahezu gänzlich homophob eingestellte muslimische Gemeinschaft. Beantworten wir Muslime uns doch ehrlich die Frage: Wo hat ein geouteter muslimischer Homosexueller einen Platz in unserer Gemeinde? Er hat keinen. Wer homosexuell und Muslim ist, dem bieten sich bisher nur drei Strategien an, damit umzugehen: 1) den Islam zu verlassen, 2) Religion und Sexualität voneinander zu trennen in dem Wissen, dass seine sexuelle Identität von der Religion und seinen Glaubensgeschwistern nicht gebilligt wird, oder 3) im Stillen unter seiner Andersartigkeit zu leiden.

Leugnen wir es nicht: Homosexuellen werden in der *umma* oftmals ihre transzendente Menschenwürde und ihr Muslimsein abgesprochen. Sie werden als psychisch Kranke eingestuft und ausgegrenzt. Nicht wenige rufen sogar zu ihrer Tötung auf. Aber es kann eigentlich keinen Zweifel geben: Ein homosexueller Muslim, der an Gott, die Engel, die Offenbarungsschriften, die Propheten und den Jüngsten Tag glaubt, der seine Gebete gen Mekka verrichtet, im Ramadan fastet, die Pflichtabgabe entrichtet und die Pilgerfahrt nach Mekka unternimmt, ist Muslim und damit Teil der *umma* des Propheten Muhammad. Ob wir es wahrhaben wollen oder nicht, die Gemeinschaft der Glaubenden, das sind wir alle, heterosexuelle und homosexuelle Muslime. Und dies schon seit der muslimischen Frühzeit.

Schließlich stellt sich doch die Frage, welche Art Männer in Sure 24, Vers 31 gemeint sind, der gegenüber Frauen ihre Schönheit offenbaren dürfen, wenn es heißt: *oder Bediensteten ohne Trieb von den Männern*. Häufig wird angenommen, damit seien alte Männer gemeint, aber warum sollte bei diesen der Sexualtrieb gänzlich zum Erliegen gekommen sein? Und überhaupt, wie stellt man so etwas fest? Und, abgesehen vom Sexualtrieb, kann ein alter Mann sich nicht verlieben und einen zweiten Frühling erleben, ganz unabhängig von einem körperlichen Begehren? Spricht nicht vieles dafür, dass es sich eher um Männer handelt, die kein sexuelles Interesse an Frauen empfinden und in der Zeit des Propheten als *muḥannaṯ*, also Männer, die Frauen in ihrem Verhalten ähneln, bezeichnet wurden?[1] Dieser Vers würde demnach zum Ausdruck bringen, dass es in Medina Homosexuelle gab, die sich frei in der Bevölkerung bewegten und Zutritt zu den Gemächern muslimischer Frauen hatten, d. h. sie wurden ganz offensichtlich als Teil der Bevölkerung Medinas betrachtet. Des Weiteren bedeutet dies, dass der Prophet Muhammad Menschen aufgrund ihrer Homosexualität duldete und nichts gegen sie unternahm, denn nicht nur der obige Vers spricht bereits gänzlich wertfrei von den *muḥannaṯ*[2], sondern auch im Prophetenwort heißt es:

> Malik berichtet von Hischam ibn ʿUrwa von seinem Vater, dass ein *muḥannaṯ* bei Umm Salama war, der Frau des Propheten – Gottes Segen und Frieden auf ihm –. Er sagte zu Abdullah ibn Abi Umayya während der Gesandte Gottes – Gottes Segen und Frieden auf ihm – zuhörte: „Abdullah! Wenn Gott dir den Sieg über [die Stadt] Taif morgen ermöglicht, werde ich dich zur Tochter Ghailans führen. Sie hat vorne vier und hinten acht [Fettfalten]." Der Gesandte Gottes – Gottes Segen und Frieden auf ihm – sagte: „Diese sollten nicht zu euch hereinkommen." (*muwaṭṭaʾ*)[3]

---

1 Vgl. Waltter, Amin K. (2014a: 227).
2 Vgl. ebda.
3 Anas, Malik ibn (1982: 357-358) u. Anas, Malik ibn (o. J.: 482-483).

Diese sollten nicht zu euch hereinkommen drückt keine Ablehnung des Gesandten Gottes gegenüber dem *muḥannaṯ* als *muḥannaṯ* aus, sondern des Klatsches, den dieser effiminierte Mann aufgrund seines privilegierten Zuganges zu den Frauengemächern verbreitete. So etwas duldete der Gesandte Gottes nicht, da es eine Verletzung der Privatsphäre der Frau im obigen Prophetenwort bedeutete. Diese Deutung wird auch dadurch gestützt, dass die Aussage in Sure 24, Vers 31 bestehen bleibt.

Wenn Gott Homosexuelle verabscheut, wie es ja in weiten Teilen des Judentums, Christentums und des Islam verstanden wird, dann sind all jene, die dennoch in ihrer Religionsgemeinschaft bleiben, zu bewundern, denn ihre Liebe zu Gott scheint größer zu sein als Seine Barmherzigkeit ihnen gegenüber.

Auf der Seite MiGAZIN konnte man im Juni 2016 den folgenden erschütternden Bericht über den Umgang mit Homosexuellen in Marokko lesen, der fern von der *sunna* des Gesandten Gottes ist:

> Wie im Falle Fatis, dessen Martyrium bereits mit sieben Jahren in der Schule begann. Ab dem elften Lebensjahr schminkte er sich und kleidete sich gerne mit Frauengewändern. Fati wechselte die Schule, brach seine Ausbildung ab. Jahrelang arbeitete er als Friseur, bis eine Gruppe Männer den Salon überfiel, und ihn bei lebendigem Leibe verbrennen wollte. „Mein Traum ist es nicht, nach Europa zu gelangen", sagt er: „Ich will nur raus aus Marokko." Dort sei er weniger als nichts. Er wolle frei sein. Nur das. Um der sein zu können, der er ist, sagt er unter Tränen. (…) Hassan betont, dass man sie nicht akzeptiert. Zudem betrieben auch die „Bartträger", wie er die Islamisten nennt,

Geschäfte, aus denen man sie auch mit Gewalt hinauswerfe. Allen hat man mehrmals die Handys gestohlen, sie verprügelt, von omnipräsenten Beschimpfungen oder dem Bespucken einmal ganz abgesehen. (…) Eine mit Hiyab traditionell-marokkanisch gekleidete Passantin ruft Fati und Hassan zu, sie wären schamlose Perverse. „Kawm lot!", murmelt sie. Ein arabischer, redensartlicher Bezug auf Lot, einen Verwandten Abrahams, der im biblischen Sodom wohnte – und Beleidigung wie Sodomit im westlichen Sinne. Doch steht mehr dahinter. In gewisser Weise glaubt man, dass bei Homosexualität oder eben Transsexualität nicht nur den Menschen solcher Neigung die Strafe Gottes droht. Sondern ihren Familien, Heimatdörfern und Städten ganz generell. Was mittelalterlich in Sachen Weltanschauung wirkt, bestätigt Hassan. „Sie werfen uns vor, dass die jüngsten, häufigen Erdbeben, die Nador und Alhucemas trafen, unsere Schuld seien." Ganz gleich, welches Unheil eintritt, man trage dafür die Verantwortung. Wir sind es, die Gottes Zorn schüren. Dieser Aberglaube sei im Rif-Gebirge und im armen, stockkonservativen Norden Marokkos noch weit verbreitet. (…) Freilich sind auch homosexuelle Marokkanerinnen in Melilla, um Asyl zu erhalten. Wie Houria (21); sie wurde von ihrer Familie und Bekannten verprügelt und misshandelt, nachdem sie ihre Beziehung zu Fadma (25) bekannt machte. Beide flohen nach Melilla, wo sie sich zwar trennten, aber gemeinsam weiterhin um ihre Rechte kämpfen. „Es kann nicht sein, dass wir aufgrund unserer sexuellen Orientierung als Verbrecher gelten. Und dass man uns zwingt, unsere Familien zu verlassen." Nur weil man anders wäre. Ende März erst verurteilte das Gericht von Beni Melal in Zentralmarokko zwei Homosexuelle zu zwei Jahren Haft. Die Verurteilten wurden am 9. März entdeckt, aus dem Bett gezerrt und von einem wütenden Mob auf das Schwerste verprügelt, beleidigt und nackt durch die Straßen gehetzt. Um ein Haar hätte man sie gelyncht.[4]

Aus seinem Selbsthass heraus konvertierte der Amokläufer Mateen in einen Extremismus, der sich in einer vertrauten Sprache äußert, nämlich der islamischen.

Gewalt beginnt nicht damit, dass man andere Menschen umbringt. Gewalt nimmt ihren Anfang beim Wort. Bei Hassaufrufen und dem kalten theoretischen Durchdenken, wie beispielsweise Homosexuelle zu bestrafen sind. Dann ist es nicht mehr weit, dass einige sich ermächtigt fühlen, aus dieser geistigen Brandstiftung auch eine echte machen zu müssen.

Also ist der Islam schuld? Wer dazu tendiert, immer alles auf den Islam schieben zu wollen, macht es sich zu einfach. Der Islam ist kein Subjekt. Er spricht nicht. Der Islam, das sind zunächst zwei Textquellen Gotteswort (*Qurʾān*) und Prophetenwort (*ḥadīṯ*). Ihr Verständnis ist gänzlich das Werk von Menschen. Das Nachdenken über diese beiden Quellen hat im Laufe von über 1.400 Jahren zwar zu einer heterogenen muslimischen Denktradition geführt, in der aber seit jeher einhellig gelebte Homosexualität abgelehnt wird. Traditionen sind wichtig, denn sie verbinden über 1,5 Milliarden Muslime weltweit. Sie dürfen aber nicht zu Götzen erhoben werden. Es braucht

---

4 Marot, Jan (2016).

eine kritische Auseinandersetzung mit ihnen, denn schließlich gibt es gute und schlechte, humane und inhumane Interpretationen.

Zudem wissen wir heute über Homosexualität mehr als frühere Generationen, allein dies zwingt uns, dieses Thema neu zu evaluieren. Sie ist keine Krankheit, sondern eine höchstwahrscheinlich angeborene oder zumindest im Prozess des Erwachsenwerdens geformte sexuelle Ausrichtung. In beiden Fällen sucht sich das Subjekt seine Sexualität nicht aus, sondern sie wird durch unterschiedliche Faktoren, die sich wohl nie im Detail eruieren lassen werden, einem förmlich aufgezwungen. Diese sogenannte Kern-Homosexualität ist eine lebenslange und nicht umkehrbare Homosexualität. Hiervon werden die Bisexualität und die Not-Homosexualität unterschieden. Bisexuelle können sowohl homosexuelle als auch heterosexuelle Beziehungen führen. Die Not-Homosexualität ist eine Ersatzhandlung, die vor allem bei Männern zutage tritt, wenn sie keine Möglichkeit haben, eine Partnerschaft mit einer Frau einzugehen. Der Mann weicht dann, nach einem gedanklichen Überwindungsprozess, triebgesteuert auf einen Ersatz aus, nämlich das eigene Geschlecht. Findet er sich aber zu einem späteren Zeitpunkt in einer Beziehung mit einer Frau, gibt es für ihn keinen Anlass mehr, einen sexuellen Kontakt mit einem Mann einzugehen. Sowohl bei der Bisexualität als auch bei der Not-Homosexualität handelt es sich um eine Wahlmöglichkeit.[5]

Ebenso ist die Identität als Homosexueller ein Phänomen der Moderne. Wenn Muslime heute über Homosexualität sprechen, verwenden sie dafür das arabische Wort *liwāṭ*, abgeleitet von dem Namen Lots. Allerdings bedeutet

---

5 Vgl. Waltter, Amin K. (2014a: 50).

dies überhaupt nicht Homosexualität, sondern bezeichnet den Analverkehr, der nicht zwingend Bestandteil homosexueller Handlungen sein muss. Die meisten Juden, Christen und Muslime sind sich heute überhaupt nicht bewusst, dass das Wort Homosexualität erst 1868 entstand. In der Neuzeit beginnt man, Homosexualität als eine sexuelle Identität zu verstehen. In der Vormoderne verurteilte man lediglich bestimmte sexuelle Handlungen. Dies wird in den klassischen Rechtstexten muslimischer Gelehrter deutlich. So unterscheidet der Rechtsgelehrte Ibn Hajar Haytami (gest. 1567) zwischen dem Analverkehr, der zwischen zwei Männern stattfindet, und dem Verkehr zwischen zwei Frauen. Nach heutigem Verständnis wäre beides Ausdruck von Homosexualität. Für die Rechtsgelehrten stand der Analverkehr zwischen zwei Männern auf der gleichen Stufe wie ein verheirateter Mann, der Ehebruch begeht. Den Liebesakt zwischen zwei Frauen erachtete man, wenn überhaupt, als viel weniger verwerflich. Dies, weil im Mittelalter Sex anders definiert wurde, als wir es heute tun würden. Sex war männlich bestimmt und daher synonym mit Penetration. Noch zu Zeiten des Osmanischen Reiches unterschied man Mann und Frau hinsichtlich ihrer Sexualität anhand der Kriterien *penetriert* und *wird penetriert*. Der passive homosexuelle Mann, der sich penetrieren lässt, stellte damit eine Irritation hinsichtlich dessen dar, was man als maskulin definierte. Da die Penetration bei lesbischen Handlungen wegfällt, fand da auch kein Sex statt. In den Rechtstexten findet man stattdessen den Ausdruck *reiben* (*siḥāq*). Muslime schreiben demnach heute dem Wort *liwāṭ* eine Bedeutung zu, die es ursprünglich niemals hatte.[6] Folglich dürfen Muslime sich kein Urteil über die homose-

---

6 Vgl. Ali, Kecia (2010: 77).

xuelle Sexualpräferenz erlauben, sondern ausschließlich über homosexuelle Handlungen. Letzteres wird im muslimischen Kontext vor allem als Handlung zwischen Männern verstanden, während die weibliche Homosexualität so gut wie keine Beachtung findet, da sie zum einen keine Bedrohung für das maskuline Selbstbild darstellt und zum anderen aus männlicher Perspektive als ästhetisch wahrgenommen werden kann, wovon Literatur und Filme Zeugnis ablegen. Diese Feststellung ist erstaunlich, denn sie sagt aus, dass im muslimischen Denken eine graduelle Unterscheidung in der Bewertung sexueller Handlungen stattfand, die die verschiedengeschlechtliche Sexualität bejahte, lesbische Erotik duldete und männlichen Intimverkehr ablehnte. Hinsichtlich Letzterem unterschied man noch zwischen demjenigen, der die maskuline und die feminine Rolle einnahm. Letzterer stand auf der Bewertungsskala des Geschlechtslebens an unterster Stelle, da er das maskuline Selbstbild am ehesten infrage stellte. Diese gesamte Einteilung hat folglich in erster Linie ganz viel mit dem Verständnis von Maskulinität zu tun.

Homosexuelle Handlungen selber scheinen ein Randthema im *Qur'ān* zu sein, das ausschließlich im Zusammenhang mit der Lot-Erzählung in Sure 7, Vers 80-84; Sure 11, Vers 69-83; Sure 15, Vers 51-77; Sure 26, Vers 160-175; Sure 27, Vers 54-58; Sure 29, Vers 28-35; Sure 37, Vers 133-134; Sure 38, Vers 13; Sure 50, Vers 13; Sure 54, Vers 33-39 und Sure 66, Vers 10 behandelt wird.

Heterosexuelle Muslime begründen ihre Ablehnung der Homosexualität im Gespräch zunächst immer mit der Lot-Erzählung. Sie gehört zum kulturellen Gut der Homophobie von Juden, Christen und Muslimen und verbindet auf verkehrte Weise die drei abrahamischen Religionen.

Aber betrachten wir diese Textstellen einmal genauer. Sie lassen sich in fünf Gruppen unterteilen:

- Verse, die *scheinbar* ausschließlich homosexuelle Handlungen für die Zerstörung des Volkes von Sodom angeben (siehe Sure 7, Vers 80-84; Sure 26, Vers 160-175; Sure 27, Vers 54-58). Schlüsselaussagen sind:

> Und Lot, als er zu seinem Volke sprach: „Wollt ihr Schändlichkeiten begehen wie kein Geschöpf zuvor? Wahrlich, ihr kommt mit Sinneslust zu Männern statt zu Frauen! Ja, ihr seid ein ausschweifendes Volk!" (7:80-81)

> Nähert ihr euch ausgerechnet Männern und haltet euch von den Frauen fern, die euer Herr für euch geschaffen hat? Aber nein! Ihr seid ein hemmungsloses Volk! (26:165-166)

> Nähert ihr euch lüstern Männern statt Frauen? Ja, ihr seid ein dummes Volk! (27:55)

Die Äußerung Lots in Sure 7, Vers 80, wonach kein Volk zuvor eine solche Schändlichkeit begangen hat, wirft Fragen auf. Homosexualität war bereits den frühen Kulturen bekannt. Schriftliche Zeugnisse der Ägypter und Sumerer behandeln gleichgeschlechtlichen Sex bereits 2000 v. Chr., mesopotamische Darstellungen sogar 3000 v. Chr.[7] Lot müsste also vor dieser Zeit gelebt haben, damit seine Aussage zutrifft. Allerdings wird Lots Lebenszeit oftmals zwischen dem 14. und 20. Jahrhundert v. Chr. geschätzt. Wenn jedoch Homosexualität schon früher praktiziert wurde, dann würde dies bedeuten, dass Lot diese vielleicht gar nicht anklagt? Vielleicht. Aber genauso gut könnte es

---

7 Vgl. Waltter, Amin K. (2014a: 80-81).

sein, dass die Lebenszeit Lots viel weiter zurückreicht. Historisch bleiben Lot und die Stadt Sodom nicht zu fassen. Aber vielleicht gibt es auch eine viel naheliegendere Erklärung. Berücksichtigt man, dass Lot selbst aus Ur stammte (siehe Sure 29, Vers 26; Sure 50, Vers 13) und nach Sodom ausgewandert ist, um dort als Prophet zu wirken, so kann der obige Satz auch einfach als moralische Entrüstung des Gesandten Gottes über das Verhalten der Sodomiter verstanden werden und nicht als eine historisch quantifizierbare Aussage.

Der Begriff *Volk,* auf Arabisch *qaum*, hat ebenfalls in jüngerer Zeit zu Verwirrungen geführt, da sich nicht erschließt, warum Lot in Sure 27, Vers 55 indirekt auch die weibliche Bevölkerung Sodoms verurteilt. Jedoch umfasst *qaum* nicht zwangsläufig Männer und Frauen, sondern kann auch ausschließlich Männer meinen (siehe Sure 49, Vers 11), was dem patriarchalischen Geist einer Zeit entsprechen würde, als Frauen noch nicht als ein gleichwertiger Bestandteil einer Gesellschaft betrachtet wurden.

Des Weiteren taucht in diesem Zusammenhang die Frage auf, weshalb das gesamte Volk Lots mit Ausnahme seiner Anhänger (Männer und Frauen) vernichtet wurde (siehe Sure 37, Vers 133-136). Doch die Antwort hierauf findet sich im folgenden Vers:

> Die Antwort seines Volkes war lediglich zu fordern: „Vertreibt Lots Familie aus euerer Stadt! Das sind Leute, die sich tatsächlich für rein halten!" Doch Wir retteten ihn und sein Volk, mit Ausnahme seiner Frau, die nach Unserer Bestimmung zu denen gehörte, die zurückblieben.
> (27:56-57)

Gleichgeschlechtlicher Sex zwischen Männern war in Sodom eine anerkannte Form der Sexualität, gegen die Lot einen ethischen Einspruch erhob. Warum? Was war daran verwerflich? Dies erschließt sich nur, wenn man den historischen Kontext betrachtet. „Lot", so Waltter, „tadelt sexuelle Beziehungen unter der Bedingung, dass die angesprochenen Männer mit einer Frau einen Ehevertrag abgeschlossen haben, aber dennoch Beziehungen zu anderen Männern haben."[8] Die Männer in Sodom nehmen sich das Recht heraus, trotz Ehe unverbindlichen Sex zu praktizieren, in diesem Falle mit dem eigenen Geschlecht. Sex wird hier zu einem rein animalischen Akt, der damit seiner spirituellen und charakterbildenden Dimension beraubt wird. Wenn es in der Offenbarung heißt: *(...) Ja, ihr seid ein dummes Volk (qaumun tağhalūn)!"* (27:55), so muss das hier verwendete arabische Wort für *Unwissenheit*, ğahl, vor dem Hintergrund seines Gegensatzwortes hilm verstanden werden, das Ausdruck für den zivilisierten Menschen, geprägt durch Vernunft, Güte, Geduld, Milde und Selbstbeherrschung, ist.[9]

Eine kleine Schar von Menschen in Sodom, Männer und Frauen, sieht die sexuellen Sitten ihrer Stadt als verwerflich an und schließt sich daher Lots Position an. Sie fordern ein geregeltes Verhältnis zwischen Sexualpartnern, geprägt von Achtsamkeit und Respekt, das Sexualität wieder seine spirituelle Dimension zurückgibt. Daher werden sie von den Meinungsführern Sodoms als jene, die sich rein halten wollen, verspottet. Der Großteil der Bevölkerung Sodoms, Männer und Frauen, empfindet die eingelebte Form von Sexualität und die männlichen sexuellen Ausschweifungen

---

8 Waltter, Amin K. (2014a: 171).
9 Vgl. Jamel, Amreen (2008: 6).

als normal. Sie können daran nichts Verwerfliches erkennen und bilden daher eine Opposition zum Propheten Lot. Das Einverständnis der Männer und Frauen Sodoms zu diesem Lebenswandel erklärt die anschließende Vernichtung der gesamten Bevölkerung, die ein Eingreifen Gottes und keine Handlungsmaßnahme der Gläubigen darstellt.

Lots Frau, so scheint es, gehört zum Volk Sodoms, da sie bis zum Schluss den Traditionen der Sodomiter emotional verbunden bleibt und daher ebenso von der Strafe Gottes erfasst wird. Die Tatsache, dass das Volk Sodoms aus Männern und Frauen besteht, zwingt uns dazu, den Text genauer zu lesen. Es geht in der Lot-Erzählung überhaupt nicht um eine homosexuelle Sexualpräferenz. Es geht um mit Frauen verheiratete Männer, die neben ihrer Ehe auch ihrer Bisexualität frönen. Hier liegt eine Willensentscheidung vor, die im Fall von Homosexualität nicht gegeben ist. Man kann Homosexualität nicht in ihr Gegenteil umkehren, genauso wenig wie man Heterosexualität umpolen kann. Allenfalls kann man seine Sexualpräferenz erweitern. Vielleicht gehört Homosexualität als eine gottgewollte Abweichung von der heterosexuellen statistisch gesehenen Norm (siehe Sure 30, Vers 20-21[10]) ebenso zur Schöpfung,

---

10 Der Vers 21: *Zu Seinen Zeichen gehört, dass Er euch Gattinnen (azwāǧan) aus euch selber schuf, damit ihr bei ihnen ruht. Und Er hat zwischen euch Liebe und Barmherzigkeit gesetzt. Darin sind fürwahr Zeichen für nachdenkliche Leute* wird von homosexuellen Muslimen oftmals als Beleg angeführt, dass die Offenbarung queer gelesen werde kann. *Azwāǧan* ist der Plural von *zauǧ*, was begrifflich sowohl Ehemann als auch Ehefrau umfassen kann. Eine treffende Übertragung in das Deutsche wäre demnach *Partner*. Liest man den Vers also in der linguistisch korrekten Übersetzung, würde es heißen: *Zu Seinen Zeichen gehört, dass Er euch Partner aus euch selber schuf, damit ihr bei*

so wie es in der Offenbarung über andere Formen der Vielfalt heißt:

> Zu Seinen Zeichen gehören auch die Schöpfung der Himmel und der Erde und die Verschiedenartigkeit euerer Sprachen und euerer (Haut-)Farben. Darin sind fürwahr Zeichen für die Wissenden. (30:22)

Natürlich findet sich im *Qur'ān* keine vergleichbare Aussage über sexuelle Identitäten, da Sexualität im abstrakten Sinne eine Denkweise der Moderne ist. Entscheidend ist aber bei der Lot-Erzählung *vielleicht* vielmehr, ob man mit der eigenen Sexualität verantwortungsbewusst umgeht.

- Verse, die den Fokus auf die Verletzung des orientalischen Gastrechtes richten im Zuge der sexuellen Gewalt, die von dem Volk Sodoms gegenüber Fremden und Reisenden ausging (siehe Sure 11, Vers 69-83; Sure 15, Vers 51-77; Sure 29, Vers 28-35). In diesen Passagen wird die

---

ihnen ruht. Und Er hat zwischen euch Liebe und Barmherzigkeit gesetzt. Darin sind fürwahr Zeichen für nachdenkliche Leute. Allerdings würde dies mit der Textlogik brechen, da im vorherigen Vers die Fertilität des Menschengeschlechts angesprochen wird. Folglich ist aus dem Textzusammenhang die Übertragung von *azwāğen* mit Gattinnen richtig. Eine queer-freundliche Übersetzung würde hier eine Ingese darstellen, zumal die Passage *dass Er euch Gattinnen aus euch selber schuf* ganz deutlich auf die Urgeschichte Adams anspielt. Weder hat der Prophet Muhammad eine Eheschließung zwischen Männern vollzogen noch findet sich ein Gutheißen von Sexualität zwischen Männern in der Offenbarung. Dieser Umstand muss einfach redlich akzeptiert werden.

Achtung des in unsicheren Wüstengebieten lebenswichtigen Gastrechtes durch Abraham mit dem Bruch des Gastrechtes durch das Volk, unter dem Lot verweilte, kontrastiert. Anscheinend überfielen, vergewaltigten und töteten die Sodomiter Reisende. Zwei Schlüsselaussagen lauten:

> Und als Unsere Sendboten zu Lot kamen, geriet er ihretwegen in Bedrängnis, da er sie nicht beschützen konnte. Und er sprach: „Dies ist ein böser Tag!"
> Und sein Volk kam zu ihm geeilt, stets bereit, Böses zu verüben. Er sprach: „O mein Volk! Diese Töchter von mir sind reiner für euch. So fürchtet Gott und bringt keine Schande über mich hinsichtlich meiner Gäste! Ist denn kein anständiger Mann unter euch?" (11:77-78)

> Und (Wir sandten) Lot. Als er zu seinem Volk sagte: „Ihr begeht fürwahr das Abscheuliche, wie es vor euch niemand von den Weltenbewohnern getan hat. Lasst ihr euch denn wahrlich mit den Männern ein und schneidet [durch Überfälle] den Weg ab und begeht in euren Versammlungen das Verwerfliche?
> Aber die Antwort seines Volkes war nur, dass sie sagten: „Bringe uns doch die Strafe Gottes her, wenn du zu den Wahrhaftigen gehörst."
> (29:28-29)

Auch hier bleibt die Bewertung von gleichgeschlechtlichem Sex sekundär als eine zu verurteilende sexuelle Handlung bestehen.

Lots Bitte, statt sich seiner Gäste zu bemächtigen, sich doch seinen Töchtern zuzuwenden, erscheint zunächst merkwürdig, gar verwerflich. Man könnte beinahe vermuten, er überlasse sie den Sodomitern, um sie statt seiner Gäste zu vergewaltigen. Aber dem ist nicht so. Die Beziehung zwischen einem Mann und einer Frau war bei den Sodomitern durch einen Ehevertrag geregelt. Deshalb entgegnen sie Lot: *Du weißt doch, dass wir auf deine Töchter kein Recht haben, und weißt genau, was wir begehren* (11:79). Lot bietet seine Töchter, ganz im Geiste der damaligen patriarchalischen Gesellschaftsform, den Sodomitern zur Ehe an. Es handelt sich um eine Symbolhandlung. Durch das Ablassen von seinen Gästen und die Eheschließung mit den Töchtern eines Propheten sollen die Sodomiter gegenüber Gott die Umkehr von ihrem bisherigen Lebenswandel signalisieren. Die Ehe mit den Töchtern Lots würde einen Neuanfang darstellen, ähnlich dem Regenbogen in der biblischen Noah-Erzählung. Es ist im Grunde eine Verzweiflungstat Lots, der ja die Errettung der Sodomiter will, aber durch die Ankunft der Sendboten um die bevorstehende Vernichtung der Stadt weiß. Doch das Volk Sodoms weist dieses Angebot zurück, mit verheerenden Folgen.

Heterosexuelle Muslime argumentieren oft, da Gott das Volk Lots vernichtet habe, sei hieraus abzuleiten, dass Homosexuelle kein Lebensrecht besitzen. Aber das steht *nirgends* im *Qurʾān*. Dort wird der Versuch der Gruppenvergewaltigung als Vernichtungsgrund aufgeführt (siehe Sure 54, Vers 37). An keiner Stelle autorisiert Gott im *Qurʾān* Gläubige zur Selbstjustiz, noch kennt die Offenbarung ein Strafmaß. In der Praxis zur Zeit des Propheten Muhammad wurden die *muḥannaṯ* geduldet.

Heterosexuelle Muslime weichen dann oft auf das Prophetenwort aus:

> Ibn Abbas – Gottes Wohlgefallen auf ihm – berichtete: Der Gesandte Gottes – Gottes Segen und Friede auf ihm – sagte: „Wer von euch einen findet, der das begeht, was das Volk Lots begangen hat, so tötet die beiden, den Täter und den anderen, mit dem er dies getan hat." (Ibn Māǧa)

Doch was sagt der Text wirklich aus? Was war das Vergehen des Volkes Lots? Bisexuelle Handlungen? Vergewaltigung? Alles zusammen? Stutzig macht auch die Aussage, man solle beide bestrafen. Das Volk Lots verübte Vergewaltigungen, so zumindest der *qur'ānische* Kontext. Überträgt man diese Tatsache auf das Prophetenwort, so wären Täter und Opfer zu bestrafen. Dies würde jedoch jedes Gerechtigkeitsempfinden verletzen. Wenn das Prophetenwort aber einvernehmlichen Sex zwischen zwei Männern meint, so lässt sich wiederum kein Bezug zur *qur'ānischen* Lot-Erzählung herstellen. Dieses Prophetenwort wirft mehr Fragen auf, als dass es Antworten gibt.

Aber auch bei einer Authentizitätskritik fällt es durch. Die Textgattung der Prophetenworte entstand ursprünglich gegen den Willen des Propheten Muhammad. Bis heute gibt es hierzu unterschiedliche Erklärungsversuche. Der muslimische Intellektuelle Asghar Ali Engineer (gest. 2013) glaubt, Muhammad habe befürchtet, dass die künftigen Generationen aus jeder Aussage und Handlung eine heilige Gesetzesquelle neben und gleichrangig mit dem *Qur'ān* machen könnten. Zu Recht! Abstruse Diskussionen kann man in Moscheen verfolgen, ob Muhammad denn im Stehen oder im Sitzen getrunken habe. Für beides gibt es Texte, die zugleich das andere ausschließen. Aber ob von dieser Frage wirklich das Heil abhängt? Engineer ist überzeugt, wäre das Prophetenwort zentral für das Verständnis des Islam gewesen, so hätte der Gesandte Gottes seine

Gefährten aufgefordert, dieses ebenfalls zu memorieren und niederzuschreiben, wie er es ihnen mit dem *Qurʾān* aufgetragen hat. Da dies nicht geschah und die Prophetenworte somit keine tatsächlichen Prophetenworte, sondern zunächst einmal nur Erinnerungen von Gefährten an das Sagen und Tun Muhammads sind, könne es streng genommen keine Quelle für die islamische Rechtsprechung sein. Die Gattung des Prophetenwortes entzog sich nämlich gänzlich der Kontrolle und Verfügungsgewalt Muhammads.[11]

Dies ist nicht meine Position, ich selbst erachte das Prophetenwort als essenziell, aber eben als nachrangige zweite Quelle des Islam. Gerade mit Blick auf Muhammad weiß der Muslim, dass der Weg des Islam zu gehen ist, dass er durchführbar ist. Somit gibt der Prophet den Muslimen von heute und morgen eine Grundorientierung und eine Grundhaltung. Allerdings müssen strenge wissenschaftliche Kriterien an jedes einzelne Prophetenwort angelegt werden, da diese Quelle durch ihre Genese problematisch ist.

Die Prophetenworte wurden größtenteils die ersten zwei Jahrhunderte nur mündlich tradiert, bis sie von Gelehrten niedergeschrieben wurden. Eine mündliche Überlieferung von Taten und Worten, gerade über einen solch langen Zeitraum, ist niemals unproblematisch. Erst recht nicht, wenn Rechtsgelehrte aus ihrem präzisen Wortlaut Rechtsbestimmungen ableiten wollen.

Die heutige philosophische Erkenntnistheorie weist überdeutlich nach, dass es so etwas wie ein objektives und interessefreies menschliches Erkennen nicht gibt. Jedes Individuum nimmt ein Erlebnis niemals in seiner Gänze wahr. Zudem ist die Kapazität des Kurz- und Langzeitge-

---

11 Vgl. Engineer, Asghar Ali (2005: 17).

dächtnisses unterschiedlich, sodass Erinnerungen, die Monate oder Jahre später abgerufen werden, Details entbehren können. Zudem verändern sich Erinnerungen im Laufe der Zeit durch eine rückblickende Bewertung der Ereignisse, persönliche Erfahrungen und Weiterentwicklungen sowie Bewusstseinsveränderungen und Kontakte zu anderen Menschen. Somit kann das, was als Erinnerung weiter tradiert wird, nur noch als eine modifizierte Erinnerung bezeichnet werden, die sich unweigerlich von Tradent zu Tradent durch unterschiedliche Auswahlkriterien des Erinnerungsvermögens verändert. Damit unterlag die Gattung des *ḥadīṯ* einem starken Verfremdungsniveau.

Obwohl Muslime eine Authentizitätskritik der Prophetenworte entwickelt haben, muss aufgrund der schwierigen Tradierungsgeschichte das wissenschaftliche Fazit lauten, dass dem überwiegenden Teil der Prophetenworte immer nur ein Wahrscheinlichkeitscharakter zugeschrieben werden kann. Sie können niemals absolut verlässlich Muhammad zugeordnet werden, sondern sind stets mit Unsicherheiten belegt. Muslimische Gelehrte, die heute unbefangen für Homosexuelle die Todesstrafe einfordern, sollten sich über Folgendes im Klaren sein: Die Todesstrafe ist irreversibel. Eine solche Bestrafung kann schon technisch nicht auf der Grundlage eines Prophetenwortes geschehen. Wenn dem so wäre, warum hat der Prophet nicht dafür Sorge getragen, dass diese zweite Textquelle des Islam mit der gleichen Sorgfalt sichergestellt wird wie der *Qurʾān*? Da die Offenbarung keine Strafe für Homosexualität kennt, muss auch das Prophetenwort hier schweigen.

Dass die Prophetenworte sehr schnell zu einer Quelle der Verwirrung für den muslimischen Laien werden können, war bereits Gelehrten wie Malik ibn Anas (gest. 795) bewusst:

> Viele dieser Hadithe sind eine Ursache für Missverständnisse. Es gibt sogar welche, von denen ich gewünscht habe, dass ich sie niemals überliefert hätte. Ich wünschte mir, ich würde für jedes dieser Hadithe zwei Schläge erhalten.[12]

Nur weil ein Prophetenwort als authentisch gilt, bedeutet dies nicht, dass danach gehandelt werden muss. Zahlreiche Faktoren fließen hier mit ein: „(…) seine Umstände, seine Entstehungszeit, sein allgemeiner oder spezifischer Charakter. Ebenso müssen wir wissen, ob es aufgehoben ist oder ob es ein anderes aufhebt und ob sein Überlieferer es als Handlungsanweisung betrachtete. (…) Die Hadithbücher waren und sind keine Rechtsquelle. Benutzen wir sie als solche, kommen wir zu Ergebnissen, die niemals zuvor hervorgebracht wurden. Sollten wir unser Fiqh direkt auf den Hadithbücher aufbauen, glauben wir, näher an der prophetischen Sunna zu sein. In Wirklichkeit entfernen wir uns von ihr. Manche glauben, sie hätten Zugang zu Hadithen, den ihre Vorväter nicht gehabt hätten. Aber die Wahrheit ist, dass sie in viel häufigeren Fällen jene Hadithe kannten und sich entschieden, nicht nach ihnen zu handeln. Es wurde berichtet, dass Tabi'in (die Generation nach den Prophetengefährten) auf bestimmte Hadithe hingewiesen wurden. „Wir kennen sie, aber die Menschen haben sie nicht praktiziert." Und Ibn Al-Madschischun antwortete, als er gefragt wurde, warum er Ahadith überlieferte und sie nicht in die Tat umsetzte: „Damit die Leute wissen, dass wir sie ganz genau kannten, als wir nicht nach ihnen handelten.""[13]

---

12 Islamische Zeitung (2012).
13 Ebda.

Nicht ohne Grund wird zwischen dem Prophetenwort (*ḥadīṯ*) und dem prophetischen Brauch (*sunna*) unterschieden:

> „Sunna" ist die Lebenspraxis des Gesandten Allahs, während die „Hadithe" wörtliche Überlieferungen des Propheten sind, die berichten, was er tat, sagte oder unterließ. In manchen Fällen überschneiden sich beide, wenn beispielsweise die Hadithe etwas berichten, das Teil der Lebenspraxis des Propheten am Ende seines Lebens war. Die Hadithe sind allgemeinerer Natur als die Sunna, da sie sowohl Dinge beinhalten, die Teil der prophetischen Lebensweise sind, als auch solche, die es nicht sind. Andererseits sind die Ahadith auch spezialisierter, da Hadithe nur ein Teil der Dinge sind, auf denen die Sunna beruht. Die anderen sind 'Amal (oder Handlung), Akhlaq (Charaktereigenschaften) und Ahwal (Zustände). Die erste Sache, der 'Amal, war für die Prophetengefährten und die frühen Muslime die Hauptquelle der Sunna. Alltäglich handelten sie entsprechend dem, was sie beim Propheten beobachten konnten, indem sie seinen Anweisungen folgten: „Betet so, wie ihr mich beten seht." Die Tatsache, dass sie auf eine bestimmte Art und Weise handelten, verweist darauf, dass sie diese als Sunna betrachteten. Taten zählen mehr als Worte. Dies wurde von 'Umar ibn Al-Khattab anerkannt, als er auf dem Minbar sagte: „Bei Allah, ich werde es jedem schwer machen, der ein Hadith überliefert, das im Widerspruch zum 'Amal steht." Diese Sichtweise findet sich bei Imam Malik wieder, für den 'Amal ein stärkeres Fundament hat als die Ahadith, um die Grundlage

> der Sunna zu bilden. Wie Rabi'a in seiner berühmten Aussage feststellte: 'Amal ist das Äquivalent zu einem Hadith, das von tausend Leute an tausend Leute weitergegeben wird. Auf diese Art und Weise wurde der 'Adhan von Medina über die Generationen weitergegeben.[14]

Gerade weil zu der Zeit des Propheten *kein* Strafmaß für gleichgeschlechtliche sexuelle Handlungen bekannt war, ergibt sich, dass obiges Prophetenwort mit hoher Wahrscheinlichkeit gefälscht ist. Es heißt in der *muwatta'* von Imam Malik ibn Anas:

> Es berichtete mir Malik, dass er Ibn Schihab über jemanden befragte, der das tut, was Lots Volk tat. Sodann sagte Ibn Schihab: „Ihm obliegt die Steinigung, sei er verheiratet oder nicht." (*muwatta'*)[15]

In dieser Überlieferung stützt sich Ibn Schihabs Meinung weder auf den Propheten Muhammad noch auf einen Prophetengefährten. Sie ist gänzlich seine Juristenmeinung, die anschließend Eingang in die malikitische Rechtsschule findet. Dass in der muslimischen Frühzeit die Todesstrafe für gleichgeschlechtliche sexuelle Handlungen unbekannt war, zeigt sich auch in der Position der hanafitischen Rechtsschule, die als einzige sunnitische Rechtsschule die Todesstrafe für homosexuelle Handlungen zurückwies. Daher erhärtet sich der Verdacht bei mir, dass es sich beim obigen Prophetenwort ursprünglich um eine Juristenmei-

---

14 Ebda.
15 Anas, Malik ibn (1982: 391); Anas, Malik ibn (o. J.: 517) u. Anas, Malik ibn (2000 352).

nung handelte, aus der nachträglich ein Wort Muhammads wurde.[16]

Des Weiteren handelt es sich bei den Prophetenworten in der Regel lediglich um Einzeltradierungen. Schon der Mufti von Ägypten Muhammad Abduh (gest. 1905) vertrat die Haltung, es sei das Recht jedes Muslims, Einzeltradierungen zurückzuweisen, da Einzelaussagen immer angezweifelt werden können.[17]

Aber die unkritische Textgläubigkeit bleibt erschreckend. Nur weil ein Text die Tötung eines Menschen verlangt, führt man diese aus? Hier findet überhaupt keine ethische Auseinandersetzung mit dem Text statt. Aber gerade dies macht den Glauben aus, andernfalls erhebt er Texte zu Götzen. Gläubig zu sein bedeutet auch, zu inhumanen Auslegungen Nein zu sagen und inhumane Texte zurückzuweisen.

Im muslimischen Mittelalter war es kein Geheimnis, an welchen Orten homosexuelle Treffen stattfanden. Natürlich missfiel dies den Rechtsgelehrten, aber solange dies abseits der Öffentlichkeit geschah, hatten sie keine Handhabe. Schon damals galt, privat ist eben privat. Der Islamwissenschaftler Jonathan Brown konnte daher auch nur einige wenige Fälle ausfindig machen, in denen Muslime für homosexuelle Handlungen bestraft wurden.[18] Die Muslime hatten eine „Don't ask, don't tell"-Haltung zur Homosexualität eingenommen. Im Osmanischen Reich unter Süleyman I. (gest. 1566) standen zwar homosexuelle Handlungen zwischen Männern unter Strafe, aber während zu jener Zeit diese in europäischen Ländern wie dem Heiligen Römi-

---

16 Vgl. Waltter, Amin K. (2014b: 39).
17 Vgl. Knight, Michael Muhammad (2015: 264).
18 Vgl. Brown, Jonathan (2016).

schen Reich Deutscher Nation und dem Königreich England unter Todesstrafe standen, musste man in dem islamischen Reich lediglich mit einer Haftstrafe von drei Monaten bis zu einem Jahr sowie einem Bußgeld rechnen – und dieses auch nur, wenn die Handlungen in der Öffentlichkeit vor Zeugen stattfanden. Damit war die Privatsphäre ein geschützter Raum für Homosexuelle.

Diese Duldung darf man nun freilich in der Debatte nicht mit Akzeptanz verwechseln. Für einen gläubigen homosexuellen Muslim ist es irrelevant, ob im muslimischen Mittelalter Gedichte geschrieben wurden, die die homosexuelle Liebe priesen, da diese keine religiöse Implikation haben. Für einen homosexuellen Muslim ist es wichtig zu erfahren, ob Gott ihn annimmt, und dies ist mitunter eine Frage, auf die die muslimische Rechtswissenschaft (*fiqh*) unter Berücksichtigung neuester Erkenntnisse eine Antwort geben muss.

- Verse, die lediglich die Verletzung des orientalischen Gastrechtes thematisieren (siehe Sure 54, Vers 33-39). Die Schlüsselaussage lautet hier:

> Sie verlangten tatsächlich seine Gäste von ihm. Darum blendeten Wir ihre Augen: „So kostet Meine Strafe und Meine Warnungen!" (54:37)

- Ein Vers, der unzivilisiertes und unmoralisches Verhalten der Sodomiter behandelt:

> (...) und begeht in euren Versammlungen das Verwerfliche? Aber die Antwort seines Volkes war nur, dass sie sagten: „Bringe uns doch die Strafe Gottes her, wenn du zu den Wahrhaftigen gehörst" (29:29)

- Verse, die Lot nur namentlich erwähnen (siehe Sure 37, Vers 133-134; Sure 38, Vers 13; Sure 50, Vers 13; Sure 66, Vers 10).

Dieser Überblick verdeutlicht, dass im *Qur'ān* sexuelle Gewalt und Bisexualität negativ beurteilt werden. Bezüglich Letzterem müssen wir die Lot-Erzählung mit noch schärferem Blick betrachten. Im *Qur'ān* werden Sexualkontakte, die sich außerhalb einer Vertragsbeziehung ergeben und somit von der emotionalen und sozialen Verantwortung für den jeweils anderen losgelöst sind, als ein illegitimer Akt angesehen und mit dem Begriff *zinā* beschrieben. Ideell beschreibt *zinā* unpersönlichen Sex, bei dem sich Fremde körperlich nah, aber innerlich weit voneinander entfernt sind. Im Fall der Lot-Erzählung wird dieser Sex sogar noch gewaltsam erzwungen. Folglich wird hier nicht die Bisexualität verurteilt, sondern die Gier nach ständig neuen Sinneseindrücken, nach anderen Sexpartnern und nach der Befriedigung einer aufkeimenden Neugierde. Bisexualität ist hier nicht das primäre Thema, sondern, dass man auch innerhalb einer Partnerschaft regelmäßig Sex mit anderen braucht, hier mit Personen, die dem eigenen Geschlecht entsprechen, und dies dann auf die Bisexualität schiebt. Dabei ist es recht offensichtlich, dass es nicht um die Sexualpräferenz geht, sondern um die Gier nach weiteren Sexpartnern. Muss ein verheirateter Mann, der sich seiner Bisexualität bewusst geworden ist, innerhalb einer Partnerschaft mit einer Frau unbedingt auch Gelegenheitssex mit anderen Männern haben? Muss eine Frau, die sich ihrer Bisexualität bewusst geworden ist, innerhalb einer Partnerschaft mit einem Mann unbedingt auch Gelegenheitssex mit anderen Frauen haben? Das ist die Frage, die die Lot-Erzählung im Kern behandelt. Dieser Wunsch nach weiteren Sexpartnern hat nichts mit der sexuellen Orientierung zu tun. Diese zeigt nur auf, zu welchen Geschlechtern man sich sexuell und/oder romantisch hingezogen fühlt. Nicht, ob man eine verantwortungsbewusste Sexualität führt, bei der sich die Partner auf Intimität einlassen, oder ob man promiskuitiv ist. Letzteres lehnt die Lot-Erzählung ab, insbesondere, wenn sie von Gewalt begleitet ist, zudem fordert sie den Menschen auf, sich im Fall der Bisexualität für die heterosexuelle Norm zu entscheiden.

Ob Aussagen wie *„Wahrlich, ihr kommt mit Sinneslust zu Männern statt zu Frauen! Ja, ihr seid ein ausschweifendes Volk!"* (7:81), *„Nähert ihr euch ausgerechnet Männern"* (26:165) zugleich eine Abwertung der Homosexualität darstellen oder im Rahmen der Bisexualität verstanden werden müssen, ist eine Frage, die in der muslimischen Rechtswissenschaft neu erörtert werden muss. Da aber eine Kern-Homosexualität unumkehrbar ist, müssen folgende Aussagen Gottes berücksichtigt werden:

> Gott belastet niemand über Vermögen. (...) (2:286)

> Und Wir werden am Tag der Auferstehung gerechte Waagen aufstellen, und niemand soll im geringsten Unrecht erleiden. Und wäre es (auch nur) vom Gewicht eines Senfkorns. Wir brächten es herbei. Und Wir genügen als Rechner. (21:47)

Zugleich wird deutlich, dass das Volk Sodoms nicht aufgrund bisexueller Handlungen zerstört wurde, dies war nur ein Unteraspekt, sondern aufgrund der sexuellen Übergriffe und Vergewaltigung anderer. Das heutige Äquivalent für das Volk von Sodom wären demnach die Gewalttäter von Boko Haram oder Gruppenvergewaltiger in Indien und Brasilien.

Wie also mit homosexuellen Muslimen umgehen? Wollen wir sie, statt zu bestrafen, vielleicht umerziehen? Erwarten wir, dass ein homosexueller Muslim seine Sexualpräferenz ein Leben lang unterdrückt, eine Frau heiratet und mit ihr Kinder bekommt? Ist uns klar, welches Leid wir über solche Familien bringen? Manche Muslime bemühen in den sozialen Netzwerken nun einen Kompromiss, dass Homosexuelle durchaus in der Gemeinschaft akzeptiert werden sollen, diese aber im Gegenzug Zeit ihres Lebens zölibatär leben sollen. So freundlich gemeint dieser Vorschlag daherkommt, so lebensfern ist er doch. Wie soll ein Mensch lebenslang auf Sexualität verzichten? Es gibt einen Grund, dass der Islam das Zölibat verbietet. Sexualität ist mehr als ein animalisches Rammeln. Um Lust zu erleben, können Männlein und Weiblein die Hand benutzen. Dazu braucht man keinen zweiten Menschen. Aber der Beischlaf ist das innigste Erlebnis von Kommunikation, das der Mensch erfahren kann. Wenn der *Qur'ān* Sexualität beschreibt, dann geht es um die Bedürfnisse des Menschen nach Angenommensein, Nähe, Geborgenheit, Sicherheit, Vertrauen, Zuneigung empfangen und geben sowie Einheit. Sexualität lässt den Menschen Liebe körperlich erfahren, andernfalls ist es nur Sex. Im Prophetenwort wird Sexualität als ein gutes Werk bezeichnet. Sie ist so einzigartig, dass sie für Mann und Frau fester Bestandteil des paradiesischen Lebens ist. Und hierauf sollen homosexuelle Muslime verzichten?

Bei alldem wird aber vergessen, dass es nicht nur um einen körperlichen Akt geht, sondern eben auch um Liebe. Ein homosexueller Mensch liebt seinen gleichgeschlechtlichen Partner ebenso wie ein heterosexueller Mann seine Frau oder eine heterosexuelle Frau ihren Mann liebt. Kein Mensch hat das Recht, zwei erwachsenen Menschen, die sich in keinem engen Verwandtschaftsverhältnis befinden, zu verbieten, sich zu lieben. Ich betone dies deshalb so detailliert, da der Slogan *Love is Love* in seiner Simplizität auch unethische Liebesbeziehungen implizieren kann bzw. Menschen sich seiner bemächtigen können, um solche zu legitimieren.

Die Lösung im Umgang mit homosexuellen Glaubensgeschwistern muss also eine andere sein. Die Treibjagd gegen Homosexuelle in den muslimischen Ländern ist jüngeren Ursprungs, sie rührt vom Einzug der Moderne, einer offensiven Literalität in den Orient. Viele Muslime beziehen ihre Vorstellung von homosexuellen Lebensformen allein aus TV-Bildern vom Christopher Street Day. Dieser vermittelt aber ein Zerrbild. Es gibt viele Homosexuelle, die diese schamlose Zurschaustellung ebenso ablehnen wie viele Heterosexuelle.

Die meisten gläubigen Homosexuellen gehen genauso verantwortungsbewusst mit ihrer Sexualität um, wie heterosexuelle gläubige Muslime es tun. Sexualität ist für sie ein heiliger Akt, der Ausdruck einer gelebten Liebesbeziehung vor Gott ist. Dieses Verständnis verträgt sich nicht mit öffentlicher Inszenierung. Im Wort Gottes werden die Merkmale der Gläubigen im Umgang mit ihrer Sexualität wie folgt beschrieben:[19]

> Wohl ergeht es den Gläubigen, die sich in ihrem Gebet demütigen. Und sich von allem Nichtswürdigen fernhalten und die Pflichtabgabe entrichten und ihre Scham bewahren. Außer gegenüber ihren Gattinnen oder denen, die sie von Rechts wegen besitzen; denn dann sind sie ja nicht zu tadeln.

---

19 Vgl. Waltter, Amir K. (2014a: 33-34).

Wer aber etwas darüber hinaus begehrt: das sind die Übertreter. (23:1-7)

Heterosexuelle Muslime verweisen immer wieder auf die Verantwortungslosigkeit von Homosexuellen. Homosexueller Sex wird als schmutzig und animalisch abgewertet, da Klappensex, Cruising, Gay Saunen und Darkrooms verdeutlichen, dass es bei Homosexuellen um schnell verfügbaren und anonymen Sex geht. Dies habe zudem die Ausbreitung von Geschlechtskrankheiten gefördert. Und es stimmt ja, all die genannten Formen von anonymem Sex existieren, aber sie sind nicht Ausdruck einer homosexuellen Subkultur. Sie sind Ausdruck einer männlichen homosexuellen Subkultur. In der Lesbenszene sind all diese Dinge unbekannt. Anonymer Gelegenheitssex ist des Weiteren Ausdruck von männlicher Sexualität. Dies betrifft sowohl Homosexuelle als auch Heterosexuelle. Das Gewerbe der Prostitution bedient fast ausschließlich den Mann. Wer durch das Rotlichtmilieu einer Stadt wie Frankfurt am Main zieht, der findet keine Laufhäuser, in denen durchtrainierte Männer auf weibliche Gäste warten. Selbst in der muslimischen Gemeinschaft haben Gelehrte – männliche Gelehrte – Wege gefunden, um Gelegenheitssex zu institutionalisieren. Wenn Muslime behaupten, der Islam erlaube Sex nur in der Ehe, so ist dies schlicht und ergreifend nicht wahr. Richtig muss es heißen, die muslimischen Gelehrten gestatten einer verheirateten Frau nur Sex in der Ehe, aber dem Ehemann ist es gestattet, auch außerhalb der konventionellen Ehe mit anderen unverheirateten Frauen zu schlafen. Er muss hierzu nicht einmal seine Ehefrau um ihr Einverständnis bitten. Bei der schiitischen Konfession heißt eine solche Verbindung Zeit„ehe" (*mut'a*). Ein unverheirateter oder verheirateter schiitischer Mann geht hierbei mit einer unverheirateten Frau eine fest vereinbarte Verbindung auf Zeit ein. Minimum eine Stunde. Der Vorteil für ihn, er ist der Frau keinen Unterhalt und auch keine Unterkunft schuldig. Die Sunniten praktizieren seit einiger Jahrzehnten etwas Ähnliches, genannt Besuchs„ehe" (*misyār*). Hier geht der verheiratete oder unverheiratete sunnitische Mann eine Beziehung mit einer unverheirateten Frau ein mit der festen Absicht, diese auch irgendwann wieder zu lösen. Auch hier tritt die Frau eine Reihe von Rechten ab, die ihr nach der konventionellen muslimischen Ehe zustehen. Als westlicher Muslim kann ich in beiden „Ehe"-Formen dieser Ausprägung nichts anderes sehen als Liebschaften und Möglichkeiten für Gelegenheitssex für verheiratete Männer, dem halt ein religiöses Mäntelchen umgehangen wird. Doch all dies hat wenig mit der konventionellen islamischen Ehe zu tun, die auf Langfristigkeit und Stabilität angelegt ist.

Als Muslime müssen wir zugeben, was Sexualität anbetrifft, geht es gerade in unserer Gemeinschaft drunter und drüber. Deswegen wäre es notwendig, dieses Thema in institutionalisierter Form, Abduh schlug eine Art Konzil vor,[20] zu erörtern. Gemeinsam mit homosexuellen Muslimen. Ihre Stimmen müssen Gehör finden, statt nur über sie zu hetzen. Gerade weil Muslime in der Moderne es nicht geschafft haben, Strukturen aufzubauen, die unabhängig von politischer Macht sind, kann heute jeder ungebildete und selbst ernannte Internet-Imam Hetze und Feindschaft predigen – und findet auch noch Gehör. Damit haben wir Muslime aber nichts mehr mit der großartigen muslimischen Zivilisation des Mittelalters gemeinsam. Wir sind vielmehr nur noch eine räudige Straßengang.

Schließlich gibt es aber auch Bedenken hinsichtlich der Folgen, die mit einer Tolerierung homosexueller Geschwis-

---

20 Vgl. Goldziher, Ignác (2005: 334).

ter in unserer Mitte einhergehen. Das Beispiel der *muḥannaṯ* zeigt, dass Homosexuelle oftmals effeminierte Männer sind. An dieser Stelle ist es wichtig, festzuhalten, dass dies nicht auf alle Homosexuellen zutrifft! Mit effeminierten Männern verbinden Muslime dann auch das Problem der Transvestität oder einer transvestitisch-fetischistischen Sexualpräferenz, die vonseiten des Propheten strikt abgelehnt wurde:

> Überliefert von Abu Huraira – Gott habe Wohlgefallen an ihm –, der berichtete: „Gottes Gesandter – Gott segne ihn und gebe ihm Heil – hat denjenigen Mann verflucht, der Frauenkleider, und diejenige Frau, die Männerkleider trägt."
> (Abū Dāwud)[21]

Ein Transvestit, so erklärt der Klinische Sexualpsychologe Christoph Joseph Ahlers, „ist in aller Regel ein Mann, der allerdings ein positives Gefühl dabei empfindet, sich in der sozialen Geschlechtsrolle der Frau zu präsentieren. (…) Der Wunsch nach einer Genitaltransformation ist bei Transvestiten selten vorhanden. Sie empfinden sich als Männer, wollen auch Männer bleiben und lieben überwiegend Männer – Transvestiten sind in der Regel homosexuell."[22]

Bei einer transvestitisch-fetischistischen Sexualpräferenz erleben heterosexuelle Männer das Tragen „geschlechtstypisch weiblicher Kleidungsstücke als sexuell erregend. (…) Transvestitische Fetischisten (…) ziehen Dessous, Korsagen, Unterwäsche, BHs, Strapse oder

---

21 Vgl. An-Nawawī, Abū Zakariyyā Yaḥyā ibn Šaraf (2010: 459).
22 Ahlers, Christoph Joseph (2015: 234-235).

Nylonstrümpfe in der eigenen Wohnung an, betrachten sich damit im Spiegel und tragen sie bei der Selbstbefriedigung. (...) Es liegt ihnen [aber] fern, in der Frauenrolle öffentlich in Erscheinung zu treten"²³, so Ahlers.

Solche Verhaltensweisen sind in der *umma* nicht tolerierbar, weil sie Ausdruck einer Persönlichkeitsstörung sind, die nicht Duldung, sondern Behandlung braucht.

Hiervon müssen jedoch Transsexualität und Transpersonen unterschieden werden. Um dieses Phänomen zu verstehen, möchte ich ein Praxisbeispiel Ahlers zitieren:

> Andreas merkte schon in der Grundschulzeit, dass mit ihm etwas nicht stimmte. Als richtiger Junge fühlte er sich nie, eigentlich hatte er sich immer als Mädchen gefühlt. Was Jungs gut fanden, fand er langweilig, ihn interessierte das, was Mädchen gut fanden. Und deshalb wollte er mit ihnen zusammen sein. Nicht weil er ihnen *als Junge* nah sein wollte, er wollte *als Mädchen* mit ihnen zusammen sein. Die Mädchen haben das aber – wenig verwunderlich – nicht begriffen und gesagt: „Was willst du denn hier, du bist doch ein Junge?" Und die Jungs wiederum fanden ihn seltsam. Seit er denken konnte, hatte er das Gefühl, im falschen Körper zu stecken, „nicht richtig" zu sein. (...) Als er in die Pubertät kam, verliebte er sich in Jungs. Allerdings empfand er sich nicht als homosexuell. Er wollte von den Jungs als Mädchen und nicht als junger Mann geliebt werden. Wenn die Jungen ihm auf seine vorsichtigen Avancen hin entgegneten, sie seien doch nicht schwul, dachte er: „Ich

---

23 Ebda. (236).

auch nicht! Ich bin doch ein Mädchen!" (…) Weil er der Überzeugung war, dass sein Problem aus den Hoden komme, dass das dort produzierte Testosteron der Ursprung seines Gefühls war, im falschen Körper zu stecken, band er sich Hodensack und Penis mit Einweckgummis und einer Anglersehne ab. Dass dabei immer wieder Teile der Haut abstarben und Entzündungen entstanden, nahm er in Kauf. (…) Nach Jahren voller Leid schnitt er sich, im ehemaligen Kinderzimmer seines Elternhauses, mit einem Taschenmesser den Hodensack auf. Und beim Herausschneiden der Hoden und Durchtrennen der Samenleiter trennte er aus Versehen auch seine Fingerkuppen ab. All das geschah ohne Narkose, ohne Alkohol. Danach nähte er den Hodensack mit einer Anglersehne wieder zu. Seine Hoden versteckte er unter Küchenabfällen, aus Angst, dass sie ihm wieder einoperiert würden, wenn ein Notarzt käme. So blieb er etwa zwei Stunden auf seinem früheren Kinderbett liegen. (…) Seine Mutter, die er kurz vorher noch hatte anrufen können, verständigte einen Rettungswagen, der Andreas im Blutmangelschock ins Krankenhaus brachte. Als er dort nach den Gründen seiner Selbstverstümmelung gefragt wurde, antwortete er: „Ich wollte das schon seit Jahren tun. Ich bin eine Frau.""[24]

In dem beschriebenen Fall liegt keine Persönlichkeitsstörung, sondern eine Geschlechtsidentitätsstörung vor. Menschen, die hierunter leiden, muss geholfen werden. Die

---

24 Ebda. (222-224).

Geschlechtsumwandlung ist in diesem Fall eine Notwendigkeit.

An dieser Stelle tun wir gut daran, zwischen dem biologischen und dem sozialen Geschlecht zu unterscheiden.

Ersteres wird auch als *Sexus* bezeichnet und in männlich und weiblich eingeteilt.[25] Ausschlaggebend hierfür ist, dass die allermeisten Menschen aufgrund ihrer Chromosomen, Genitalien und ihres Körperbaus in eine von zwei Gruppen fallen. Das biologische Geschlecht stellt eine objektive Realität dar, die Auswirkungen z. B. auf die Anfälligkeit für Krankheiten hat. Für Frauen besteht ein größeres Risiko, an Alzheimer, Lupus oder Multipler Sklerose zu erkranken. Männer wiederum sind häufiger von Parkinson und verschiedenen Formen von Autismus betroffen. Andere Unterschiede betreffen geschlechtsspezifische Krankheiten, u. a. des Uterus, der weiblichen Brust und der Prostata.[26] Wenn es demnach in Texten heißt, einem Kind werde bei der Geburt ein Geschlecht zugewiesen, so ist dies nicht korrekt und man hat es mit einem ideologischen Text zu tun. Richtig ist, dass anhand objektiver Kriterien (Penis, XY-Chromosomensatz/Vagina, XX-Chromosomensatz) das Neugeborene als männlich oder weiblich identifiziert wird.

Letzteres wird mittels des Begriffs *Gender* beschrieben und in maskulin und feminin unterteilt. Hierbei handelt es sich um kulturell bedingte Normen, Gewohnheiten und Rollen, also Schablonen, die in einer Gesellschaft vorherrschen und übernommen werden. Sie machen „aus einem biologisch weiblichen Wesen eine Frau und aus einem

---

25 Eine Ausnahme stellt Intersexualität dar, die aber insofern vernachlässigt werden kann, da sie nur 0,01 Prozent der Neugeborenen betrifft.
26 Vgl. De Waal, Frans (2022: 25-26, 74).

biologisch männlichen Wesen einen Mann (...)."[27] Aber Achtung: Die Verhaltensforschung weist darauf hin, dass nicht alle Verhaltensunterschiede das Ergebnis von Kultureinwirkungen sind. Der Mensch gehört biologisch zur Familie der Menschenaffen. 96 Prozent unserer DNA stimmt mit der von Schimpansen und Bonobos überein, die unseren Gendernormen nicht unterworfen sind und sich dennoch oft verhalten wie wir oder wir wie sie.[28] Diese Unterschiede zeigen sich z. B. im Sexualkontext (Männer: visuelle Reize, lust- und gelegenheitsorientiert, dynamisch, dominant, aggressiv; Frauen: personen- und beziehungsorientiert, Interaktion, Gefühle, Ruhepol, subdominant, Hingabe). Diese physiologische, psychologische und soziologische Verschiedenheit ist nicht zu nivellieren.

Bei der Mehrheit der Menschen sind biologisches Geschlecht und Gender deckungsgleich. Dennoch muss das soziale Geschlecht nicht dem biologischen Geschlecht entsprechen. Hier sind die Unterschiede über ein Spektrum gestreut wie etwa bei Transpersonen.[29] Letztere sind ein seltenes Phänomen. In Deutschland identifizieren sich ca. 0,5 bis 1,3 Prozent als Transpersonen.[30]

Um zu verstehen, wie es sein kann, dass Menschen sich seit ihrer Kindheit im biologisch falschen Körper empfinden können, hilft vielleicht der folgende Vers aus der Offenbarung, wenn der Leser den spätantiken Kontext des *Qurʾān* ernst nimmt:

---

27 Ebda. (24).
28 Vgl. ebda. (15, 19, 30).
29 Vgl. ebda. (24-25).
30 Vgl. Masurczak, Pia (2021).

> O ihr Menschen! Fürchtet eueren Herrn, Der euch aus einem (einzigen) Wesen erschuf und aus ihm seine Gattin und aus ihnen viele Männer und Frauen entstehen ließ. Und seid euch Gottes bewusst, in Dessen Namen ihr einander bittet, und euerer Verwandtschaftsbindungen. Siehe, Gott wacht über euch. (4:1)

Die biblische Erzählung, wonach die Frau aus der Rippe des Mannes erschaffen wurde, findet im *Qur'ān* keine Erwähnung. Liest man demnach diesen Vers mit frischen Augen, so ist der Ursprung der Menschheit mythisch ein einziges Wesen. So bedeutet das Wort *Adam*, das aus dem Hebräischen stammt, auch nicht Mann, sondern *Mensch*. Aus diesem Einheitswesen heraus entwickelt sich die Frau. Aber dies lässt auch das Einheitswesen nicht unverändert, zurückbleibt der Mann. Dieser Mythos weckt starke Erinnerung an den griechischen Mythos des Kugelmenschen, ein Gedanke, den ich dem evangelischen Theologen Bertold Klappert verdanke. Durch die Teilung trägt sowohl der Mann Weibliches in sich wie auch die Frau Männliches in sich trägt. Bei manchen Männern ist die weibliche Komponente so stark ausgeprägt, dass sie sich im biologisch falschen Körper empfinden. Ebenso gibt es Frauen, bei denen das Männliche so dominant ist, dass sie zu derselben Schlussfolgerung gelangen.

Transsexualität und Transpersonen sind in der islamischen Normenlehre ein Phänomen, das seit jeher bekannt ist und von muslimischen Gelehrten erstaunlich progressiv behandelt wird. Selbst ein Hardliner wie der berüchtigte Ayatollah Khomeini (gest. 1989) plädierte 1963 dafür, dass keine religiöse Vorschrift existiere, die eine geschlechtsangleichende Operation untersagen würde. Transsexualität wird seit 1979 in der Islamischen Republik Iran offiziell vom Staat anerkannt und die öffentlichen Kassen tragen bis zu 50 Prozent der Kosten eines solchen Eingriffes.

Die Islamische Republik Pakistan gehört zu den ersten Ländern der Welt, in denen die Transsexualität als eine eigene Geschlechtsgruppe im Pass zugestanden wurde (drittes Geschlecht). Unter der Bezeichnung Khwaja Sara[31] haben Transpersonen eine lange Geschichte auf dem Subkontinent und sind somit ein vertrautes Phänomen. Im Stadtrat der Metropole Karachi ist per Quote die Repräsentanz von Transpersonen gewährleistet. Derzeit sitzen dort für die rechte islamische Partei Jamaat-e-Islami die Transfrau Chandni Shah und für die Mitte-links-Partei Pakistan People's Party Shahzadi Rai.[32] Der pakistanische Staat fördert in Lahore und Multan Schulen speziell für Transpersonen, die von Lehrkräften unterrichtet werden, die selbst Transmänner und Transfrauen sind. An den Türen der Klassenzimmer erwartet sie der Schriftzug: „Du bist willkommen. Du bist wertgeschätzt." Somit sollen sie eine Chance erhalten, den drei traditionellen Einkommensquellen von Transpersonen zu entkommen: Betteln, Tanz und Prostitution.[33] In Städten wie Islamabad gibt es *Qurʾānschulen* (Sg. *madrasa*, Pl. *madāris*) für Transpersonen. Des Weiteren wurde 2018 ein Antidiskriminierungsgesetz für Transpersonen verabschiedet – mit Unterstützung der Jamaat-e-Islami – das allen Bürgern freistellt, sich in offiziellen Papieren als männlich, weiblich oder drittes Geschlecht eintragen zu lassen. Zudem wurde Transperso-

---

31 Weitere Bezeichnungen lauten Khusra und Hijra, die beide jedoch eine negative Konnotation in Pakistan besitzen.
32 Vgl. ABP News Bureau (2023) u. Yousafzai, Arshad; Zahid, Uswah (2023).
33 Vgl. Lalee, Nabila; Khan, Zia (2023).

nen der Schutz vor Diskriminierung garantiert. Politiker der islamischen Partei erklärten, dass es aus religiöser Sicht keinerlei Gründe gäbe, Transpersonen abzulehnen, mithilfe des Gesetzes trage die Partei dazu bei, dass der Leidenszustand dieser Menschen gelindert und ihnen Raum gegeben wird.

Konflikte entstehen nur dort, wo Transpersonen die westlichen Diskurse übernehmen, indem sie ihre Zuordnung als drittes Geschlecht verwerfen und mit den biologischen Geschlechtern Mann oder Frau gleichgesetzt werden wollen. Die unnötigen Spannungen, die diese kulturfremden Diskurse hervorrufen, stößt auch in der eigenen Gemeinschaft auf Widerstand, da viele Khwaja Sara sich als ein besonderes Zeichen Gottes in der Schöpfung verstehen, das nicht ausgelöscht werden soll, indem sie dem biologisch männlichen oder weiblichen Geschlecht zugeordnet werden.

Aus islamischer Sicht sind Transmänner und Transfrauen gesellschaftlich gänzlich als Männer und Frauen zu akzeptieren, ohne zu leugnen, dass aus biologischer Sicht eine Neovagina noch keine Vagina und ein Neopenis noch kein Penis ist.

Unweigerlich verbunden mit der Thematik der Transsexualität ist der Prozess der Geschlechtsumwandlung mithilfe einer geschlechtsangleichenden Hormonbehandlung, reversibler Pubertätsblocker und geschlechtsangleichender Operationen. Genderdysphorie, also die Inkongruenz zwischen dem biologischen Geschlecht und dem psychisch gefühlten, ist nach dem islamischen Verständnis ein Leidenszustand, dem Abhilfe geschaffen werden soll. Vier Punkte sind hierbei jedoch zu bedenken:

▪ Nicht jede Transperson möchte sich einem solchen massiven und risikobehafteten Eingriff unterziehen. Auch

ohne eine geschlechtsangleichende Operation ist eine solche Person in ihrer Transidentität zu respektieren.
- Selbst nach einer geschlechtsangleichenden Operation fühlen sich Transfrauen oftmals nicht als ausreichend weiblich. Der Leidenszustand bleibt bestehen und dem ersten Eingriff folgen weitere kosmetisch-plastische Operationen. Diese Menschen bleiben häufig ein Leben lang Patientinnen.
- Es gibt einen geringen Anteil von Menschen, die ihre Transition bereuen und rückgängig machen. Je nach Studie betrifft dies entweder bis zu zwei Prozent oder zwischen 13 und 17 Prozent der Operierten.[34] Allerdings sind Eingriffe an den Genitalien irreversibel. Die Betroffenen müssen für den Rest ihres Lebens mit den physischen und psychischen Folgen leben. Detransition kann nun aber kein Grund sein, Transition zu unterbinden. Da aber diese aus medizinischer Sicht frühzeitig geschehen soll, muss aus Gründen des Jugendschutzes sichergestellt werden, dass die Genderdysphorie authentisch ist und nicht Folge eines Hypes, einer Flucht aus dem weiblichen Geschlecht aufgrund eines Scheiterns an den Herausforderungen der Pubertät (z. B. negative Emotionen, mangelndes Körperbewusstsein, Hadern mit starren Rollenbildern), einer psychischen Störung (z. B. Bulimie) oder einer Leugnung der eigenen Homosexualität. Des Weiteren zeigt eine kanadische Studie bei 25 Mädchen unter zwölf Jahren mit Symptomen einer Genderdysphorie, dass sich diese nach mindestens drei Jahren bei 88 Prozent der Studienteilnehmerinnen aufgelöst hatte. Eine Studie aus dem Jahr 2021 mit 139 Jungen gelangte zu einem ähnlichen Ergebnis, wonach bei 80 Prozent sich die Genderdysphorie im Alter von 18 oder 19

---

34 Vgl. Brandt, Petra (2023) u. Jürgens, Jannik (2022).

Jahren auflöste und die Betroffenen sich zu ihrer Homosexualität bekannten.[35] Daher sollte meines Erachtens nach die Abgabe von geschlechtsangleichenden Hormonen, reversiblen Pubertätsblockern und die Durchführung von geschlechtsangleichenden Operationen im Regelfall erst ab dem 16. Lebensalter und nach einer zuvor dreijährigen Begleitung durch drei Psychologen erfolgen.[35] Menschen, die eine Detransition hinter sich haben, äußern immer wieder übereinstimmend, dass sie das Gefühl hatten, keine anderen Wege aufgezeigt zu bekommen, dass sie sich wünschten, jemand hätte ihr Vorhaben stärker infrage gestellt.

- Die Verzögerung einer Transition bedeutet natürlich für diejenigen, die tatsächlich an Genderdysphorie leiden, eine Verlängerung ihrer schweren Not. Da aber nur eine Minderheit bereits im Jugendalter über eine gefestigte Ich-Stärke und Identität verfügt, sodass eine geschlechtsangleichende Behandlung gerechtfertigt wäre, stellt diese Maßnahme eine Schutzvorkehrung für alle dar. Sollte aber ein Gutachten, erstellt von drei Psychologen, einhellig zu dem Schluss kommen, dass bei dem Kind/Jugendlichen eine gefestigte Identität vorliegt und die Genderdysphorie echt ist, sollte ein früherer Eingriff nicht behindert werden. Islamisch abzulehnen sind jedoch Eingriffe am vorpubertären Körper.

---

35 Vgl. Blage, Judith (2022).
36 In Großbritannien dürfen geschlechtsangleichende Operationen erst ab dem 16., in den skandinavischen Ländern erst ab dem 18. Lebensalter durchgeführt werden. In der Schweiz und Deutschland gibt es keine Altersbegrenzung. Vgl. ebda.

Neben der Thematik Homosexualität, Transvestität und Transsexualität gibt es noch das Phänomen Nicht-Binarität. Menschen, die sich als nicht-binär einstufen, lehnen die Zuordnung zu einem Geschlecht ab. Dieses ist für sie lediglich ein soziales Konstrukt. Ihre Identität ist fluide. Mal empfinden sie sich als weiblich, mal als rein männlich. Die Identitätsfindung erfolgt auf der Gefühlsebene und steht nicht in Verbindung mit dem Körper, was sie von Transpersonen unterscheidet.

Nicht-binäre Menschen erwarten von ihren Mitmenschen, sie in ihrem aktuell empfundenen Geschlecht gänzlich wahrzunehmen. Im Gespräch mit einem nicht-binären Menschen drückt sich dies wie folgt aus: „Ich möchte einfach ich sein können." Nicht-binäre Personen können in folgende Gruppen unterteilt werden:
- Agender:
Diese Personen können sich keinem Geschlecht zuordnen.
- Intergender:
Die Identität dieser Person liegt in der Mitte zwischen den Geschlechtern Mann und Frau.
- Bigender:
Diese Menschen identifizieren sich gleichermaßen mit zwei Geschlechtern.
- Pangender:
Diese Personen finden sich in allen Geschlechtern wieder.

An der Forderung, das Geschlecht als sozial konstruiert abzutun, erhitzen sich derzeit global die Gemüter. Wie bereits oben erwähnt, ist diese Vorstellung wissenschaftlich nicht haltbar. Auch seitens des Islam kann dieser Schritt nicht mitvollzogen werden, sagt Gott in Seiner Offenbarung mit einem süffisanten Unterton, als Marias Mutter sich über das weibliche Geschlecht ihrer Tochter überrascht zeigt, hatte sie doch mit einem Knaben gerechnet: *Gott wußte wohl was sie geboren hatte; denn ein Junge ist nicht wie ein Mädchen.* (3:36) Der Biologe und Primatenforscher Frans de Waal erinnert in diesem Zusammenhang an den Fall David Reimer:

> Ein kleiner Junge in Kanada hatte bei einer stümperhaften medizinisch indizierten Beschneidung den größten Teil seines Penis verloren, und [der Psychologe] Money wurde bezüglich einer Geschlechtsumwandlung des Jungen konsultiert. Er überredete die Eltern, auch die Hoden des Jungen entfernen zu lassen und ihn als Mädchen aufzuziehen. Aus dem kleinen Bruce wurde eine Brenda, und niemand verriet Brenda, dass sie als Junge das Licht der Welt erblickt hatte. Bei regelmäßigen Besuchen überzeugte sich der Wissenschaftler von Brendas Fortschritten, um schließlich zu erklären, der Eingriff sei uneingeschränkt erfolgreich gewesen. (…) Der Junge, der ein Mädchen sein sollte, wehrte sich [aber] vehement gegen das ihm zugewiesene Gender. Brenda wurde in Kleider gesteckt und bekam Puppen zum Spielen, aber seine Bewegungen und seine Sprechweise blieben die eines Jungen, er riss sich die Rüschenkleidchen vom Leib und nahm seinem Bruder die Spielzeuglaster weg. Er wollte mit Jungs spielen, Burgen bauen und Schneeballschlachten schlagen. (…) Erst mit vierzehn Jahren erfuhr Brenda schließlich die Wahrheit. Für ihn war es pure Erleichterung, denn auf einmal verstand er so vieles, einschließlich seiner jahrelangen Verzweiflung. Als David kehrte er zu seiner angeborenen Identität zurück. Und doch nahm seine Geschichte ein tragisches Ende,

denn mit achtunddreißig Jahren beging er Selbstmord.[37]

De Waal plädiert daher dafür, das Geschlecht als ein Faktum ernst zu nehmen: „Wir können nicht so tun, als sei Biologie irrelevant: Söhne sind keine Töchter."[38] Weiter schreibt er: „Wieso gibt es schließlich zwei Geschlechter? Weil die geschlechtliche Fortpflanzung nun einmal besser funktioniert als die einzige Alternative: die ungeschlechtliche Fortpflanzung."[39]

Vielmehr drückt sich in dem Phänomen Nicht-Binarität der alte philosophische Konflikt des Abendlandes zwischen Körper und Geist aus, wonach Ersteres abgewertet und der Mensch nur als Letzteres erachtet wird. Dies wird auf den verführerischen Slogan heruntergebrochen: „Du kannst alles sein, was du willst", der aber in der objektiven Realität aufgrund von Biologie und sozialen Konventionen sehr schnell an seine Grenzen stößt. Eine Person mit einem Penis, die nicht unter Genderdysphorie leitet, ist nun einmal ein Mann. Und wir sind nicht nur Personen, sondern aufgrund unserer Biologie Männer und Frauen.

Dennoch sollte Menschen, die sich als nicht-binär einstufen, ihre Selbstwahrnehmung nicht abgesprochen werden, allerdings kann diese anderen nicht diktiert werden. Die Forderung, grundsätzlich mit Pronomen wie *they*, eingedeutscht *dey/sey*, oder Neopronomen wie *sier* oder *xier* angesprochen zu werden, erschwert die soziale Interaktion, da es aufgrund zahlreicher Möglichkeiten immer ungewisser wird, wie man sich gegenüber dem anderen

---

37 De Waal, Frans (2022: 58-60).
38 Vgl. ebda. (258).
39 Ebda. (206).

verhalten soll. Dieser Radikal-Individualismus, der Diversität einfordert, droht die Menschen zu ermüden, da er einen Gleichschritt erwartet, der eben das Gegenteil von Diversität ist. Zumal wir uns gesellschaftlich in einen Widerspruch begeben, wenn wir einerseits im Fall von Homosexualität und Transsexualität die Biologie zur Legitimation heranziehen, andererseits im Fall von Nicht-Binarität uns von der Biologie loslösen. Kritischer gefragt: Haben wir es im Fall von Letzterem dann auch mit einer Loslösung von der Wissenschaft und einer Hinwendung zu einer Ideologie zu tun? De Waal schreibt: „Die simple Tatsache, dass es transgender Menschen oder Transmenschen gibt, stellt die Vorstellung von Gender als willkürlichem sozialem Konstrukt massiv infrage. Geschlechterrollen mögen ein Produkt der Kultur sein, die Genderidentität hingegen scheint von innen zu kommen."[40]

Was den meisten Muslimen fehlt, ist die direkte Begegnung mit Schwulen, Lesben und Transpersonen. Wenn der hier vorliegende Debattenbeitrag auf eines hingewiesen hat, dann darauf: Statt einer richtenden Gemeinschaft sollten wir eine zuhörende Gemeinschaft sein. Dass ein Spannungsverhältnis zwischen dem Islam und homosexuellen Handlungen bestehen bleibt, kann ich nicht leugnen, es erscheint mir als Heterosexuellen unauflösbar. Allen homosexuellen Muslimen, denen dies ebenso wenig gelingt, sollten wir Muslime aber statt mit finsteren Blicken und blutrünstigen Drohungen mit Barmherzigkeit begegnen. Es kann nicht sein, dass wir verkennen, dass diese homosexuellen Muslime es sich eigentlich ganz leicht machen könnten, indem sie den Islam verlassen. Aber

---

40 Ebda. (80).

gleichwohl sie in Todesangst vor ihren „Geschwistern" leben, halten sie an dem Glauben an Gott und Seinen Propheten Muhammad fest. Dies verdient Anerkennung und sollte uns als Gemeinschaft beschämen. Der einzige Dissens zwischen uns und ihnen liegt in der sexuellen Ausrichtung. Das ist ein Aspekt der Moral, nicht des Glaubens.

Unabhängig von diesem Punkt können wir in gegenseitiger Achtung und gegenseitigem Respekt miteinander umgehen, gemeinsam beten, gemeinsam fasten, gemeinsam pilgern. Dies ändert nichts an dem Standpunkt (auch statistisch), dass die Heterosexualität die von Gott im *Qurʾān* gewünschte Norm ist, aber dass Er in Seiner Schöpfung auch im Rahmen der freien Entfaltung des Lebens Abweichungen zugelassen hat. Niemand von uns entscheidet sich für seine sexuelle Neigung, niemand darf deshalb diskriminiert werden. Auch brauchen sich Männer im Allgemeinen von sexuell anders orientierten Geschlechtsgenossen nicht bedroht zu fühlen, eher sollten sie sich hocherfreut zeigen, da diese schon einmal als mögliche Konkurrenten im Werben um die Gunst einer Frau wegfallen.[41] Und all jene, die so leichtfertig nach der Tötung von Homosexuellen rufen, möchte man gerne fragen: „Was tust du, wenn dein eigenes Kind später eine homosexuelle Sexualpräferenz zeigt? Würdest du deinen Sohn, deine Tochter verstoßen, gar ermorden? Und wenn ja, was sagt dies über dich als Menschen und Muslim aus?"

Wir alle sollten uns in unserem Menschsein achten und bedenken, dass es gerade Etikettierungen sind, die uns anfällig machen für Intoleranz. Was heterosexuelle und homosexuelle Muslime primär aus der Lot-Erzählung

---

41 Vgl. ebda. (390).

mitnehmen sollten, ist, dass Gott einen verantwortungsbewussten Umgang des Menschen mit seiner Sexualität wünscht.

Aber wenn wir von homosexuellen Geschwistern einen verantwortungsbewussten Umgang mit ihrer Sexualität erwarten, dann sollten wir gleichgeschlechtliche Partnerschaften befürworten. Aufgabe der muslimischen Rechtsgelehrten sollte es sein, zu erörtern, ob eine eigenständige Vertragsform für gleichgeschlechtliche Paare aus dem *Qurʾān* ableitbar ist.[42] Die bisherige Vertragsform ist auf verschiedengeschlechtliche Partner ausgelegt, so bedeutet die Bezeichnung *nikāḥ* auch nicht Ehe. Sie leitet sich von dem Wort *nukḥ* ab, was Vagina bedeutet. Damit wird zum einen deutlich, was es mit dieser Bindung auf sich hat und worin sie sich von anderen unterscheidet, nämlich hinsichtlich ihrer sexuellen Intimität. Und zum anderen, dass es hier um die Vereinigung von Mann und Frau geht. Eine entsprechende Vertragsform für gleichgeschlechtliche Personen muss im religiösen Recht erst noch erdacht, durchdacht und erstellt werden.

Hinsichtlich eines Adoptionsrechts für Homosexuelle stimme ich der ablehnenden Haltung von Tariq Ramadan zu,[43] da in Gottes Schöpfung Homosexualität vom Fortpflanzungsprozess ausgeschlossen ist. Nach islamischer Auffassung brauchen Kinder zur optimalen Entwicklung mindestens zwei verschiedengeschlechtliche Elternteile.

Was Transfeindlichkeit unter Muslimen angeht, so müssen wir Muslime darauf hinweisen, dass in vielen muslimischen Kulturen Transpersonen ein fester Bestandteil sind. Während der Herrschaft des Mogulreiches auf dem indi-

---

42 Vgl. Waltter, Amin K. (2014a: 208).
43 Vgl. Ramadan, Tariq (2010: 103).

schen Subkontinent 1526 bis 1858 fand man Transmänner in führenden Positionen vor, etwa als Militärführer oder politische Berater. Erst im Zuge des britischen Kolonialismus wurden Transpersonen als „unnormal" eingestuft und kriminalisiert. In der beschränkten Sichtweise der Briten handelte sich bei ihnen lediglich um Männer in Frauenkleidern, also Transvestiten. Von dieser oktroyierten Auffassung sollten wir uns emanzipieren und wieder an die Weite der muslimischen Normenlehre anknüpfen.

Und auch wenn Muslime das Konzept Nicht-Binarität nicht gutheißen können, so sollten wir diesen Menschen mit Respekt, Höflichkeit und Freundlichkeit begegnen. Wir müssen uns nicht verpflichtet fühlen, Neopronomen im Voraus zu verwenden, wenn wir jedoch von diesen Personen um eine bestimmte Anredeform gebeten werden, so gebietet es der muslimische Anstand (*adab*), dieser Bitte Folge zu leisten.

Als muslimischer Philosoph rate ich den Rechtsgelehrten von heute und von morgen, die Menschen nicht zu verurteilen, sondern ihre Hand zu ergreifen und sie mit Barmherzigkeit zu begleiten. Erst durch die Barmherzigkeit wird die islamische Lehre *qur'āngemäß* angewendet.

Literaturverzeichnis

ABP News Bureau (2023): Pakistan: In A First, Two Transgender Members Appointed To Karachi City Council. Internet: https://news.abplive.com/news/world/pakistan-two-transgender-members-appointed-to-karachi-city-council-in-a-first-shahzadi-rai-chandni-shah-1607825 (13.10.2023).

Ahlers, Christoph Joseph (2015): Himmel auf Erden & Hölle im Kopf. Was Sexualität für uns bedeutet. München.

Aktuelle Stunde (2016): Homosexualität und Islam. Internet: http://www1.wdr.de/mediathek/video/sendungen/aktuelle-stunde/video-aktuelle-stunde-1036.htlm (26.12.2016).

Ali, Kecia (2010): Sexual Ethics & Islam. Feminist Reflections on Qur'an, Hadith and Jurisprudence. Oxford.

Anas, Malik ibn (o. J.): Muwaṭṭa'. Beirut

Anas, Malik ibn (1982): Al-Muwatta. Cambridge.

Anas, Malik ibn (2000): Muwatta'. Lahore.

An-Nawawī, Abū Zakariyyā Yaḥyā ibn Šaraf (2010): Die Gärten der Tugendhaften. Band 2. Köln.

Bauer, Thomas; Höcker, Bertold; Homolka, Walter; Mertes, Klaus (2013): Religion und Homosexualität. Aktuelle Positionen. Göttingen.

Blage, Judith (2022): Warum wollen immer mehr Mädchen

Männer werden? Transfrau Nadia Brönimann warnt junge Menschen vor leichtfertigen Geschlechtsangleichungen. Internet: https://www.nzz.ch/wissenschaft/transidentitaet-bei-kindern-ist-eine-fruehe-operation-sinnvoll-ld.1660530 (13.10.2023).

Brandt, Petra (2023): Das (De)Transition-Dilemma. Internet: https://www.doccheck.com/de/detail/articles/44713-das-detransition-dilemma (20.10.2023).

Brown, Jonathan (2016): The Shariah, Homosexuality & Safeguarding Each Other's Rights in a Pluralist Society. Internet: http://almadinainstitute.org/blog/the-shariah-homosexuality-safeguarding-each-others-rights-in-a-pluralist-so/ (26.12.2016).

Deutschlandradio Kultur (2016) Islam und Homosexualität – War der Prophet homosexuellenfreundlich? Internet: http://www.deutschlandradiokultur.de/islam-und-homosexualität-war-der-prophet.1008.de.html?dram%3Aarticle_id=353207 (26.12.2016).

De Waal, Frans (2022): Der Unterschied: Was wir von Primaten über Gender lernen können. Stuttgart.

Engineer, Asghar Ali (2005): The Qur'an, Women and Modern Society. New Delhi.

Goldziher, Ignác (2005): Die Richtungen der islamischen Koranauslegung. o. O.

Islamische Zeitung (2012): Einführende Bemerkungen über Rolle und Bedeutung von Hadithen. Internet: http://www.islamische-zeitung.de/einfuehrende-bemerkungen-ueber-rolle-und-bedeutung-von-hadithen/ (17.02.2017).

Jamal, Amreen (2008): The Story of Lot and the Quran's Perception of the Morality of Same-Sex Sexuality. In:

Journal of Homosexuality 41 (1): 1-88.

Jürgens, Jannik (2022): Geschlecht im Wandel: Sie möchte doch nur sie selbst sein. Internet: https://www.spektrum.de/news/detransition-eine-geschlechtsangleichung-bereuen/2016037 (20.10.2023).

Knight, Michael Muhammad (2015): Why I am a Salafi. Berkeley.

Kotb, Heba G. (o. J.): Sexuality in Islam. o. O.

Kugle, Scott Siraj al-Haqq (2010): Homosexuality in Islam: Critical Reflection on Gay, Lesbian, and Transgender Muslims. Oxford

Lalee, Nabila; Khan, Zia (2023): Ein Klassenzimmer "für das dritte Geschlecht": Pakistans geschützte Schulen für Transpersonen. Internet: https://www.stern.de/gesellschaft/pakistans-geschuetzte-schulen-fuer-transpersonen--bildung-statt-betteln-33388954.html (13.10.2023).

Marot, Jan (2016): Kein sicheres Land – Exodus Homosexueller aus Marokko. Internet: http://www.migazin.de/2016/06/15/kein-land-exodus-homosexueller-marokko/ (26.12.2016).

Masurczak, Pia (2021): Detransition: Wer hilft bei Zweifeln nach einer Geschlechtsangleichung. Internet https://www.deutschlandfunkkultur.de/detransition-wer-hilft-bei-zweifeln-nach-einer-100.html (20.10.2023).

Mohr, Andreas Ismail (o. J.): Islam und Homosexualität – eine differenzierte Betrachtung. Internet: http://www.ismailmohr.de/islam_homo.html (09.07.2011).

Mohr, Andreas Ismail (2007): Ein schwieriges Verhältnis: Homosexualität und Islam. Internet: http://www.ismailmohr.de/islam_homo2.html (03.05.2015).

Murtaza, Muhammad Sameer (2015): Die Freiheit des

Muslims. Internet: http://islam.de/26404 (26.12.2016).

Murtaza, Muhammad Sameer (2015): Liebe vor Allah. In: Die ZEIT 23: 13.

Murtaza, Muhammad Sameer (2016): Homophobie im Islam: "Die Würde des Menschen gilt für alle". Internet: http://www.fr-online.de/kultur/homophobie-im-islam--die-wuerde-des-menschen-gilt-fuer-alle-,1472786,34600620.html (26.12.2016).

Ramadan, Tariq (2009): Islam and Homosexuality. Internet: http://tariqramadan.com/english/2009/05/29/islam-and-homosexuality/ (03.05.2015).

Ramadan, Tariq (2010): What I believe. Oxford.

Waltter, Amin K. (2014a): Islam und Homosexualität im Qur'ān und der *Hadît*-Literatur. Teil 1: Der Qur'ān. Hamburg.

Waltter, Amin K. (2014b): Islam und Homosexualität im Qur'ān und der *Hadît*-Literatur. Teil 2: *Hadît*-Literatur – Die Überlieferungen. Hamburg.

Waltter, Amin K. (2014c): Islam und Homosexualität im Qur'ān und der *Hadît*-Literatur. Teil 3: *Hadît*-Literatur – *Hadît*-Wissenschaft, Überlieferer und Sammlungen. Hamburg.

Yousafzai, Arshad; Zahid, Uswah (2023): Who is Jamaat-e-Islami's Chandni Shah? Internet: https://www.geo.tv/latest/489530-who-is-jamaat-e-islamis-chandni-shah (13.10.2023).

Aus der Reihe Post-Salafiyya-Islam

Islam:
Eine philosophische Einführung und mehr…

Islam und Homosexualität –
ein schwieriges Verhältnis

Die Friedensmacher:
Ethos und Ethik im Islam

Gewaltlosigkeit im Islam:
Denker, Aktivisten und Bewegungen
islamischer Gewaltfreiheit